AF260104

PAS

DE

CONVERSION

DE LA

RENTE 5 0/0

PARIS

DAUVIN, LIBRAIRE-ÉDITEUR

18, PASSAGE DU HAVRE, 18

—

1879

L 57
Lb
7052

PAS

DE

CONVERSION

DE LA

RENTE 5 0/0

* * *

PARIS

DAUVIN, LIBRAIRE – ÉDITEUR

18, PASSAGE DU HAVRE, 18

—

1879

BIBLIOTHÈQUE NATIONALE — R.F. — IMPRIMÉS

Lb⁵⁷ 7052

PAS DE CONVERSION

DE LA RENTE 5 0/0

La conversion du 5 0/0 n'est pas une question purement financière comme on la présente adroitement, elle est encore plus une grosse question politique qu'on dissimule.

M. E. de Girardin, qu'on s'étonne de ne pas voir à un grand ministère quand le pays a besoin de grands talents et de décision, l'a bien compris ! Aussi l'a-t-il repoussée de toute la force de son patriotisme et s'est-il constitué son adversaire.

Le grand emprunt 5 0/0, l'opération financière la plus vaste du siècle est, personne ne l'ignore, l'œuvre prodigieuse du grand homme que la France a appelé le libérateur, que la postérité nommera le fondateur de la République française.

Entre les mains de ce politique consommé, ce puissant instrument, l'emprunt des cinq milliards a servi à la libération du territoire; mais il a eu un autre effet moins apparent, mais non moins considérable, il a aidé plus qu'on ne saurait le croire à la consolidation de la République. Il a intéressé l'Europe au sort de la France et l'a associée à sa fortune.

C'est grâce à son 5 0/0 que la France possède à cette heure, au milieu de l'Europe, une puissance de solidité extraordinaire.

Elle retient chez elle, par la sécurité et l'élévation du revenu, l'épargne de ses enfants.

Si M. Thiers vivait il nous dirait : Ne touchez pas à mon œuvre, vous auriez une funeste inspiration ! elle a sauvé le pays, et gardez-vous d'une erreur : de confondre cet emprunt avec les emprunts ordinaires. N'oubliez pas l'état désespéré de la France quand l'épargne est venue à son secours. Sans doute l'intérêt y a eu sa part, mais ce serait calomnier le pays de ne pas faire encore plus grande la part du patriotisme.

Certes, le jour de la souscription au grand emprunt pour la libération du territoire, la France et Paris ont présenté un spectacle qui ne s'effacera jamais de la mémoire des hommes vivants! On voyait bien que la spéculation seule ne poussait pas la foule intarissable qui venait apporter son épargne à la France agonisante! Aujourd'hui il se trouve que l'opération a été bonne, mais incontestablement les prêteurs ont bravement couru des risques. C'est un emprunt éminemment national! A cet emprunt là la gratitude de la France : elle lui doit l'existence.

Si le grand patriote n'a pas fait à ce sujet de recommandation à ses concitoyens dans l'immortel manifeste à ses électeurs, c'est qu'il aurait cru faire injure à leur intelligence et à leur patriotisme. Il a compté sur le bon sens de la France, qu'il connaissait si bien !

Les partisans de cette conversion, qui la conseillent, qui la demandent sans relâche au nom de l'intérêt public, se trouvent être précisément pour la plupart les hommes qui ont porté à la fortune publique les coups les plus terribles ; ses plus chauds champions sont les adversaires déclarés ou secrets de la République.

Ont-ils compris que son existence était liée pour un certain temps au

maintien de la rente 5 0/0? — Peut-
être.

Il y a là de quoi donner à réflé-
chir.

Quel est le but de la conversion?

De diminuer les charges de l'État et
de garantir la diminution des impôts.

La conversion diminuera les charges
de l'État, c'est vrai; mais elle diminuera
d'autant le revenu des petits rentiers,
qui sont innombrables.

En supposant que l'État applique
intégralement, ce qui n'est rien moins
que certain, cette part de revenu dont il
l'aura privé à la diminution de l'impôt,
le petit rentier paiera moins; mais s'il
est appauvri d'un autre côté, quel avan-
tage y a-t-il? On aura fait passer l'argent

de la main droite dans la main gauche.

Mais si, ce qui est malheureusement le cas le plus probable, l'État l'emploie à une augmentation de ses dépenses, le petit rentier paiera autant ou presqu'autant d'impôt avec un revenu moindre.

Pourquoi donc sacrifier le petit rentier à l'État?

Pourquoi donc appauvrir l'un pour enrichir l'autre?

L'État est un être de raison qui n'existe que dans l'intérêt des individus qui composent la nation. La nation passe avant lui. S'il doit y en avoir un des deux pauvre, il vaut mieux que ce soit l'État que le pays.

Les habiles, pour faire prendre le

change à l'opinion, s'efforcent de lui persuader qu'il aura le même capital et même un capital plus fort. Mais le petit rentier sait à merveille que c'est avec le revenu que l'on vit, que l'on paie l'impôt, que l'épargne se constitue, et que le revenu insuffisant est la ruine du capital.

La question, en définitive, est celle-ci :

Vaut-il mieux que cet argent reste dans la poche des petits rentiers ou qu'il passe de la sienne dans celle de l'État ?

La réponse n'est pas douteuse.

Un franc dans la main d'un particulier a plus de valeur que dix francs dans celle de l'État.

L'État, c'est tout le monde et ce n'est personne.

On ne peut pas comparer l'intérêt personnel avec l'intérêt collectif. L'un agit avec la plus grande intensité, l'autre très-faiblement. Un particulier sait que, si son entreprise est bonne, il en a tout le profit ; que, si elle est mauvaise, il en supporte toutes les conséquences ; il tremble devant la ruine qui le menace, il est économe, il est actif, il est prudent. — Celui qui agit pour l'État, que lui importe après tout le résultat ? S'il est bon tant mieux, mais s'il est mauvais il n'a pas à s'en inquiéter : cela regarde l'État, ce n'est personne, et l'État est riche.

Il faut laisser l'argent dans les mains qui le font le mieux fructifier.

En réduisant l'intérêt du petit ren-

tier on a l'air de faire une bonne opération, en réalité elle est détestable :
ou diminue la dette, mais on diminue
dans une proportion fort supérieure à
la dette la fortune générale du pays, en
enlevant à l'homme industrieux, économe, la petite somme qu'il faisait si
bien valoir, pour la confier à un médio-
cre intendant, quand il n'est pas, comme
cela arrive trop souvent, un dissipateur.

Vous voulez diminuer les charges de
l'État? Le but est louable.

Mais avant de toucher aux dépenses
productives, commencez par supprimer
les dépenses inutiles. Dieu sait quelles
économies vous pouvez réaliser de ce chef!
Quand vous les aurez faites vous pourrez
demander un sacrifice au petit rentier.

L'État républicain ne doit nullement ressembler à l'État monarchique.

La conversion doit se faire, elle se fera un jour, quand?

Quand la France le voudra, quand l'opinion publique, qui commande, la réclamera, et elle la réclamera, certainement, lorsqu'elle en sentira la nécessité; quand elle comprendra que la République qu'elle a édifiée est devenue le monument inébranlable et superbe qui doit la mettre elle et la postérité française à l'abri des orages; quand elle jugera que l'état intérieur et extérieur du pays ne laisse rien à désirer, et qu'il y a de grandes probabilités pour la durée de cette heureuse situation.

Ce jour heureux n'est pas encore arrivé, et actuellement la nation forme d'autres vœux.

La République tient compte du contentement ou du mécontentement de la nation. Elle préfère donner au petit rentier un intérêt rémunérateur dont profite la fortune générale que de voir l'épargne française courir à sa ruine pour trouver un intérêt plus élevé.

Aussi les grands emprunts d'État, qui ont fait la fortune colossale de quelques personnages, sont devenus à peu près impossibles. Cette source de rapides fortunes est tarie.

La conversion du 5 0/0 la rouvrirait.

Est-ce là ce que l'on voudrait ?

Ce n'est un secret pour personne aujourd'hui que c'est par le moyen des emprunts d'État, des conversions, que des hommes audacieux édifient de subites et énormes fortunes aux dépens des petits; que ces opérations sont l'occasion d'un effrayant agiotage qui bouleverse les fortunes et agite les États.

La République a la bonne fortune d'avoir pour Président un homme d'une profonde honnêteté dans lequel elle a confiance. Il ne permettra pas qu'on ébranle dans un intérêt égoïste un des puissants fondements de la République, et mettra fin à la perturbation que les bruits incessamment répandus de conversion ont jetée dans le pays à son détriment.

Le Président, que l'estime publique a porté au pouvoir suprême, sait que la fortune d'une nation ne se compose pas uniquement de pièces sonnantes, mais qu'elle est faite encore de bonne renommée. Il n'ignore pas que la France n'a pas contracté seulement une dette d'argent mais encore une dette de reconnaissance envers les prêteurs.

Ce n'est pas cet homme éclairé, portant si haut le sentiment de sa dignité, qui l'oubliera et qui permettra que la France s'abaisse à agir comme un vulgaire débiteur. Il s'inspirera de sentiments d'un ordre plus élevé que ceux du financier : de la raison d'État.

La République a intérêt à ne pas être ingrate, elle ne le sera pas.

Paris, imp. Balitout, Questroy et C°, 7, rue Baillif.

PARIS

IMPRIMERIE BALITOUT, QUESTROY ET Ce

7, rue Baillif, 7

www.ingramcontent.com/pod-product-compliance
Lightning Source LLC
Chambersburg PA
CBHW051258050726
47595CB00008B/3315